"Sahara Énergétique : Le Projet Du Gazoduc Transsaharien" Ecrit Par La Petite Fleur Bleu « 2025 »

Sommaire

Exploration des effets potentiels du projet sur les écosystèmes locaux et la biodiversité.

- Gestion des ressources naturelles

Analyse des pratiques de gestion des ressources en eau et en terre nécessaires pour minimiser l'impact environnemental.

- Stratégies de durabilité

Mesures mises en place pour garantir que le gazoduc respecte les normes environnementales et promeut un développement durable.

- Sensibilisation et éducation environnementale

Programmes de sensibilisation visant à informer les communautés locales sur l'importance de la durabilité.

8. Chapitre 7 : Technologies Émergentes et Innovation

- Nouvelles technologies dans le secteur énergétique

Exploration des innovations technologiques qui pourraient influencer la construction et l'exploitation du gazoduc.

- Énergies renouvelables

Synergies potentielles entre le gaz naturel et les énergies renouvelables, et leur impact sur la transition énergétique.

- R&D et innovation

Importance de la recherche et du développement pour optimiser les infrastructures énergétiques en Afrique.

- Développement de compétences technologiques

Formation et développement des compétences locales dans le domaine des technologies énergétiques.

9. Chapitre 8 : Perspectives de Marché et Économie Globale

- Analyse des marchés du gaz

Évaluation des tendances mondiales du marché du gaz et de leur impact sur le projet.

- Stratégies de commercialisation

Stratégies mises en place pour commercialiser le gaz transporté par le gazoduc sur les marchés internationaux.

- Effets de la transition énergétique

Impact de la transition vers des énergies renouvelables sur la demande de gaz naturel à l'échelle mondiale.

- Positionnement de l'Afrique sur le marché mondial

Rôle de l'Afrique en tant que fournisseur de gaz naturel dans un contexte de changement climatique.

10. Chapitre 9 : Scénarios d'Avenir et Planification Stratégique

- Scénarios de développement futur

Évaluation des divers scénarios pour l'avenir du Gazoduc Transsaharien sur la base des tendances économiques et politiques.

- Planification stratégique et résilience

Importance de l'élaboration d'une stratégie à long terme pour faire face aux incertitudes et garantir la résilience du projet.

- Partenariats et alliances stratégiques

Rôle des partenariats régionaux et internationaux dans la réalisation des objectifs du projet.

- Évaluation des risques et gestion des crises

Stratégies pour anticiper et gérer les crises potentielles qui pourraient affecter le projet.

11. Chapitre 10 : Témoignages et Récits Locaux

- Voix des communautés

Recueillir les témoignages des habitants vivant le long du tracé du gazoduc sur leurs attentes et préoccupations.

Études de cas

Analyse de projets similaires dans d'autres régions et leçons à tirer pour le TSGP.

Récits de femmes et d'acteurs locaux

Mises en avant des expériences de femmes et d'acteurs locaux dans le cadre du projet, illustrant leur rôle et leur impact.

Perspectives de développement durable

Comment les expériences des communautés locales peuvent influencer le développement durable du projet.

Introduction

Le Sahara, souvent perçu comme un vaste désert aride et inhospitalier, cache en réalité un potentiel énergétique immense. Le Gazoduc Transsaharien (TSGP) est un projet ambitieux qui vise à transporter le gaz naturel du Nigeria à l'Algérie, en passant par le Niger, pour fournir une alternative énergétique aux marchés européens. Ce projet, d'une envergure sans précédent, ne se limite pas à une simple infrastructure énergétique ; il incarne également des enjeux géopolitiques, économiques et sociaux de grande importance.

Dans un contexte mondial marqué par une demande croissante d'énergie et une quête de diversification des sources, le TSGP représente une opportunité unique pour les pays africains de renforcer leur coopération régionale tout en attirant des investissements étrangers. En effet, alors que les pays européens s'efforcent de réduire leur dépendance à l'égard des hydrocarbures traditionnels, le gaz naturel est perçu comme une solution de transition vers des énergies plus durables.

Ce livre a pour objectif d'explorer les différentes dimensions du projet du Gazoduc Transsaharien, en analysant son histoire, ses défis techniques, ses implications sociales et culturelles, ainsi que ses perspectives économiques et géopolitiques. À travers cette analyse, nous mettrons en lumière non seulement les avantages potentiels du projet, mais aussi les défis qui doivent être surmontés pour garantir son succès.

Chapitre 1 : Historique du Gazoduc Transsaharien

1.1 Origines du projet

La genèse du Gazoduc Transsaharien (TSGP) trouve ses racines à la fin des années 1990, à une époque où la demande mondiale de gaz naturel commençait à croître de manière significative. Les pays européens cherchaient activement à diversifier leurs sources d'approvisionnement afin de réduire leur dépendance aux hydrocarbures provenant des régions instables, notamment le Moyen-Orient et la Russie. Dans ce contexte, l'Algérie, avec ses vastes réserves de gaz, émergeait comme un partenaire stratégique potentiel.

L'idée de transporter le gaz naturel du Nigeria, qui possède également d'importantes réserves, à travers le Niger vers l'Algérie, a été discutée lors de plusieurs sommets africains. Ces discussions ont mis en évidence la possibilité de créer un corridor énergétique qui non seulement favoriserait les échanges commerciaux entre ces pays, mais renforcerait également leur coopération économique et politique.

Les premières études de faisabilité ont été lancées pour évaluer la viabilité technique et économique d'un tel projet. Les résultats initialement positifs ont encouragé les gouvernements à envisager sérieusement la mise en œuvre du Gazoduc Transsaharien, et des accords bilatéraux ont été signés pour formaliser cette ambition commune.

1.2 Les acteurs clés : Algérie, Niger, Nigeria

Le Gazoduc Transsaharien est le fruit de la collaboration entre trois pays : l'Algérie, le Niger et le Nigeria. Chacun de ces pays joue un rôle crucial dans la réalisation du projet, et leur engagement mutuel est essentiel pour sa réussite.

<u>Algérie</u>

En tant que pays hôte du projet et deuxième producteur de gaz naturel en Afrique, l'Algérie a une position stratégique dans le développement du TSGP. La nation possède d'importantes réserves de gaz, estimées à environ 4 500 milliards de mètres cubes. Pour l'Algérie, la construction du gazoduc représente une occasion d'accroître ses exportations et de renforcer sa position sur le marché énergétique international.

L'Algérie a également investi massivement dans ses infrastructures gazières et a développé un réseau de pipelines qui lui permet d'acheminer le gaz vers l'Europe. Le TSGP s'inscrit dans cette stratégie de diversification des routes d'exportation. Cependant, l'Algérie doit faire face à des défis internes, notamment une dépendance excessive aux revenus des hydrocarbures et des préoccupations en matière de sécurité, en particulier dans les zones frontalières avec le Mali et le Niger.

Niger

Le Niger, bien que moins développé sur le plan énergétique que ses voisins, voit dans le TSGP une opportunité de dynamiser son économie. Le pays possède des réserves de gaz qui, bien qu'encore inexploitées, sont considérées comme ayant un potentiel considérable. Le gazoduc pourrait stimuler des investissements dans le secteur énergétique et créer des emplois, tout en améliorant les infrastructures.

Le gouvernement nigérien a fait des efforts pour attirer des investisseurs étrangers et promouvoir des politiques favorables aux entreprises afin de faire du Niger un acteur clé dans le projet. Cependant, le pays est confronté à des défis en matière de sécurité, notamment en raison des activités de groupes armés dans certaines régions. La coopération avec l'Algérie et le Nigeria est essentielle pour garantir un environnement stable et sécurisé pour les investissements.

Nigeria

Le Nigeria, en tant que plus grande économie d'Afrique et principal producteur de pétrole du continent, joue un rôle central dans le projet du TSGP. Le pays possède les plus grandes réserves de gaz naturel d'Afrique, estimées à environ 5 000 milliards de mètres cubes. Le gouvernement nigérian a reconnu le potentiel de son gaz naturel comme source de revenus et de développement économique.

La construction du gazoduc représente une opportunité pour le Nigeria de diversifier ses marchés d'exportation et de réduire sa dépendance à l'égard des exportations pétrolières. Cependant, le pays doit faire face à des défis internes, notamment des problèmes de sécurité liés à des groupes armés, tels que BokoHaram, qui ont perturbé les opérations dans le nord-est du pays.

1.3 Les premières étapes et les accords signés

La première étape concrète vers la réalisation du Gazoduc Transsaharien a été la signature d'un accord trilatéral en 2009 entre les gouvernements algérien, nigérien et nigérian. Cet accord a établi les bases de la coopération entre les trois pays et a défini les modalités de mise en œuvre du projet.

Études de faisabilité

Dans la foulée de cet accord, des études de faisabilité détaillées ont été réalisées. Ces études ont évalué les aspects techniques, économiques et environnementaux du projet. Les résultats ont montré que le TSGP était non seulement viable, mais qu'il pouvait également générer des bénéfices significatifs pour les pays concernés.

Les études ont également identifié les défis potentiels liés à la construction du gazoduc, notamment les obstacles géographiques et climatiques, ainsi que les préoccupations environnementales. Ces résultats ont conduit à l'élaboration de plans pour minimiser l'impact du projet sur l'environnement et les communautés locales.

Financement du projet

Le financement du Gazoduc Transsaharien a constitué un enjeu majeur à chaque étape de son développement. Les pays participants ont cherché à attirer des investisseurs étrangers, notamment des entreprises énergétiques multinationales, pour soutenir le projet. En outre, des discussions ont été engagées avec des institutions financières internationales, telles que la Banque africaine de développement (BAD) et la Banque mondiale, pour obtenir des financements.

Les responsables du projet ont également envisagé des partenariats public-privé (PPP) pour mobiliser des fonds et partager les risques associés à la construction et à l'exploitation du gazoduc. Ces mécanismes de financement sont essentiels pour garantir que le projet puisse avancer sans heurts.

1.4 Les défis rencontrés

La mise en œuvre du Gazoduc Transsaharien n'a pas été sans défis. Plusieurs obstacles ont dû être surmontés pour assurer la progression du projet.

Problèmes de sécurité

La sécurité est l'un des principaux défis auxquels le projet fait face. Les régions traversées par le gazoduc, en particulier au Niger et au Nigeria, sont souvent touchées par des conflits armés et des activités terroristes. Ces menaces peuvent compromettre la construction du gazoduc et mettre en danger la vie des travailleurs.

Les gouvernements ont donc dû renforcer leur coopération en matière de sécurité, en déployant des forces de sécurité pour protéger les infrastructures et en établissant des protocoles d'urgence pour réagir aux menaces potentielles.

Enjeux environnementaux

Les préoccupations environnementales sont également un aspect crucial du projet. Les études d'impact environnemental ont révélé que la construction du gazoduc pourrait avoir des conséquences sur les écosystèmes locaux et les ressources naturelles. Les autorités doivent s'assurer que le projet respecte les normes environnementales et qu'il est exécuté de manière durable.

Pour cela, des stratégies de gestion environnementale ont été élaborées, impliquant des mesures visant à minimiser l'impact sur la biodiversité et à préserver les ressources en eau. Les entreprises impliquées dans la construction du gazoduc doivent également respecter ces recommandations pour garantir la durabilité du projet.

Coordination entre les pays

La coordination entre les trois pays participants représente un autre défi majeur. Les différences politiques, économiques et culturelles peuvent compliquer la mise en œuvre du projet. Des réunions régulières entre les responsables gouvernementaux et les acteurs du secteur privé ont été mises en place pour renforcer la communication et la coopération.

Les gouvernements doivent également travailler à établir des mécanismes de gouvernance clairs pour le projet, garantissant que les décisions soient prises de manière inclusive et transparente, et que toutes les parties prenantes soient représentées.

1.5 Perspectives d'avenir

Le Gazoduc Transsaharien représente une opportunité unique pour l'Afrique de renforcer sa position sur le marché mondial de l'énergie. Si les pays participants parviennent à surmonter les défis qui se dressent devant eux, le projet pourrait avoir des effets bénéfiques à long terme pour l'économie régionale et la coopération entre les nations.

Intégration régionale

La réalisation du TSGP pourrait également favoriser l'intégration régionale, en renforçant les liens économiques entre l'Algérie, le Niger et le Nigeria. En travaillant ensemble sur un projet d'une telle envergure, ces pays pourraient créer un modèle de coopération qui pourrait être étendu à d'autres domaines, tels que le commerce, l'agriculture et les infrastructures.

La coopération régionale est essentielle pour garantir que les bénéfices du gazoduc soient partagés équitablement et que les communautés locales en profitent. Les gouvernements doivent s'engager à investir dans des initiatives de développement communautaire pour compenser les impacts du projet et renforcer la résilience des populations.

Soutenabilité et innovation

Enfin, le succès du Gazoduc Transsaharien dépendra également de l'engagement des pays participants à promouvoir des pratiques durables et innovantes. L'intégration de technologies respectueuses de l'environnement et l'adoption de normes de responsabilité sociale peuvent contribuer à garantir que le projet soit bénéfique pour l'ensemble des populations.

Les gouvernements et les entreprises doivent également suivre les évolutions du marché de l'énergie et s'adapter aux tendances mondiales, telles que la transition vers des sources d'énergie renouvelable. En mettant l'accent sur la durabilité, le TSGP pourrait devenir un symbole de l'engagement de l'Afrique en faveur d'un développement énergétique responsable.

Chapitre 2 : Enjeux Techniques et Logistiques

2.1 Conditions Géographiques et Climatiques

Le tracé du Gazoduc Transsaharien s'étend sur des milliers de kilomètres à travers trois pays : le Nigeria, le Niger et l'Algérie. Cette immense distance et la diversité des conditions géographiques et climatiques posent des défis considérables pour la construction et l'exploitation du gazoduc.

2.1.1 Géographie du tracé

Le tracé du gazoduc traverse des terrains variés, allant des zones côtières du Nigeria aux paysages désertiques du Sahara. Cette diversité géographique nécessite une adaptation des méthodes de construction et des matériaux utilisés. Les régions désertiques présentent des défis uniques, notamment des températures extrêmes, un sol très aride et des sables mouvants qui peuvent compliquer les travaux de construction.

Les zones montagneuses en Algérie posent également des défis, car elles nécessitent des techniques d'ingénierie spécifiques pour assurer la stabilité du pipeline. Les autorités doivent donc prendre en compte ces différents contextes géographiques dans la planification du projet.

2.1.2 Conditions climatiques

Les conditions climatiques peuvent varier considérablement le long du tracé du gazoduc. Le climat du Nigeria est tropical, avec des saisons des pluies et sèches, tandis que le Niger et l'Algérie connaissent des conditions arides et désertiques. Les températures dans le désert peuvent atteindre des niveaux extrêmes, dépassant souvent les 50°C en été.

Ces variations climatiques doivent être prises en compte lors de la conception du gazoduc. Les matériaux utilisés doivent être résistants à la chaleur intense et aux conditions climatiques changeantes. Des études sur l’impact des conditions climatiques sur l'intégrité du pipeline sont également nécessaires pour garantir sa durabilité à long terme.

2.2 Défis d'Ingénierie et Construction

La construction du Gazoduc Transsaharien représente un défi d'ingénierie de grande envergure. Plusieurs aspects techniques doivent être pris en compte pour garantir que le projet soit réalisé avec succès.

2.2.1 Conception et ingénierie du pipeline

La conception du pipeline est cruciale pour assurer la sécurité et l'efficacité du transport du gaz. Le gazoduc doit être conçu pour résister à des pressions élevées tout en garantissant une étanchéité parfaite. Les ingénieurs doivent sélectionner des matériaux adaptés aux conditions environnementales, tels que des aciers résistant à la corrosion et aux températures extrêmes.

Des études géotechniques approfondies doivent être menées pour évaluer la composition du sol le long du tracé et identifier les zones à risque, telles que les zones sismiques ou les terrains instables. Ces études permettront de déterminer les techniques de construction appropriées et de minimiser les risques d'endommagement du pipeline.

2.2.2 Techniques de construction

La construction d'un gazoduc de cette envergure nécessite des techniques spécialisées et des équipements de pointe. Les méthodes de construction peuvent varier en fonction du terrain et des conditions locales. Dans les zones désertiques, l'utilisation de machines adaptées aux sables mouvants est essentielle, tandis que dans les régions montagneuses, des engins conçus pour les terrains escarpés seront nécessaires.

Les entreprises de construction doivent également s'assurer que les travaux respectent les normes de sécurité les plus strictes. Des protocoles de sécurité doivent être mis en place pour protéger les travailleurs et garantir que les opérations ne nuisent pas à l'environnement.

2.2.3 Défis logistiques

La logistique est un élément clé dans la réussite du projet. Le transport des matériaux nécessaires à la construction du gazoduc pose des défis importants, notamment en raison de l'éloignement des sites de construction et de l'absence d'infrastructures routières adéquates.

Le transport des tuyaux, des équipements et des matériaux de construction nécessitera une planification minutieuse. Les entreprises devront établir des chaînes d'approvisionnement efficaces pour garantir que les matériaux arrivent à temps sur les chantiers. Cela peut impliquer des partenariats avec les gouvernements locaux pour améliorer les infrastructures routières et de transport.

2.3 Impact Environnemental et Durabilité

Le Gazoduc Transsaharien, bien qu'il soit porteur d'opportunités économiques, soulève également des préoccupations environnementales importantes. Les autorités doivent s'assurer que le projet est exécuté de manière durable et qu'il respecte les normes environnementales.

2.3.1 Études d'impact environnemental

Avant le début de la construction, des études d'impact environnemental doivent être réalisées pour évaluer les effets potentiels du gazoduc sur les écosystèmes locaux. Ces études permettront d'identifier les zones sensibles, telles que les habitats d'espèces menacées, les zones humides et les ressources en eau.

Les résultats de ces études doivent être intégrés dans la planification du projet afin de minimiser les impacts négatifs sur l'environnement. Par exemple, des mesures de compensation pourraient être mises en place pour restaurer les habitats affectés et protéger la biodiversité.

2.3.2 Gestion des ressources en eau

La gestion des ressources en eau est un enjeu crucial, en particulier dans les régions arides traversées par le gazoduc. La construction du pipeline peut avoir des conséquences sur les nappes phréatiques et les rivières locales. Les autorités doivent mettre en place des mesures de protection pour éviter toute contamination des sources d'eau.

Des systèmes de surveillance doivent être mis en place pour suivre l'impact du projet sur les ressources en eau. En cas de détection d'un impact négatif, des actions correctives doivent être mises en œuvre rapidement pour protéger l'environnement.

2.3.3 Engagement des communautés locales

L'engagement des communautés locales est essentiel pour garantir que le projet soit perçu comme un atout plutôt que comme une menace. Les populations vivant le long du tracé du gazoduc doivent être informées des enjeux environnementaux et des mesures prises pour les protéger.

Des programmes de sensibilisation peuvent être organisés pour informer les communautés des bénéfices du projet et des efforts déployés pour minimiser son impact sur l'environnement. La participation des communautés locales dans la prise de décision concernant le projet peut également renforcer la confiance et favoriser un climat de collaboration.

2.4 Considérations Techniques pour l'Exploitation du Gazoduc

Une fois la construction terminée, l'exploitation du Gazoduc Transsaharien nécessitera des considérations techniques spécifiques pour garantir sa sécurité et son efficacité.

2.4.1 Surveillance et maintenance

La surveillance et la maintenance régulières du gazoduc sont cruciales pour garantir son bon fonctionnement. Des systèmes de surveillance avancés doivent être mis en place pour détecter d'éventuelles fuites, défaillances ou dommages au pipeline. Cela peut inclure des capteurs de pression, des systèmes de détection de fuites et des inspections visuelles régulières.

Un programme de maintenance préventive doit également être établi pour effectuer des réparations et des mises à niveau nécessaires. Les entreprises doivent former le personnel local pour s'assurer qu'ils disposent des compétences nécessaires pour gérer ces opérations.

2.4.2 Sécurité des infrastructures

La sécurité des infrastructures est une préoccupation majeure, en particulier dans les régions sujettes à des conflits ou à des activités criminelles. Des mesures de sécurité doivent être mises en place pour protéger le gazoduc contre les menaces potentielles.

Cela peut inclure la mise en place de patrouilles de sécurité, la surveillance par drones et l'installation de systèmes d'alarme. Les gouvernements doivent également travailler en étroite collaboration avec les communautés locales pour recueillir des informations sur d'éventuelles menaces et garantir un climat de sécurité.

2.4.3 Formation et emploi local

La formation du personnel local est essentielle pour garantir que les opérations d'exploitation du gazoduc soient menées de manière sécurisée et efficace. Des programmes de formation peuvent être mis en place pour enseigner aux travailleurs les compétences nécessaires à la maintenance et à la gestion du gazoduc.

En outre, la création d'emplois locaux dans le cadre de l'exploitation du gazoduc peut contribuer à renforcer l'acceptation du projet par les communautés. Les bénéfices économiques générés par l'exploitation du gazoduc peuvent être partagés avec les populations locales, renforçant ainsi la durabilité sociale du projet.

Conclusion

Le Gazoduc Transsaharien représente un défi technique et logistique de grande envergure. Les conditions géographiques et climatiques, les défis d'ingénierie, les préoccupations environnementales et les considérations d'exploitation sont autant d'éléments qui doivent être pris en compte pour garantir le succès du projet.

La planification minutieuse et l'engagement des parties prenantes, notamment des gouvernements, des entreprises et des communautés locales, sont essentiels pour surmonter ces défis. En adoptant une approche durable et inclusive, le TSGP peut devenir un symbole de coopération régionale et d'innovation en matière d'énergie pour l'Afrique.

Chapitre 3 : Aspects Sociaux et Culturels

3.1 Impact sur les Communautés Locales

L'un des aspects les plus cruciaux du Gazoduc Transsaharien (TSGP) concerne son impact sur les communautés locales situées le long de son tracé. Alors que le projet promet d'apporter des bénéfices économiques, il est également essentiel de comprendre les implications sociales et culturelles qu'il peut engendrer.

3.1.1 Création d'Emplois et Opportunités Économiques

L'un des avantages les plus immédiats du Gazoduc Transsaharien est la création d'emplois pour les populations locales. La construction et l'exploitation du gazoduc nécessiteront une main-d'œuvre importante, allant des ouvriers de la construction aux techniciens qualifiés. Ces opportunités peuvent contribuer à réduire le chômage dans des régions où les options économiques sont limitées.

Les gouvernements et les entreprises impliquées dans le projet doivent mettre en place des politiques favorisant le recrutement local, afin de garantir que les habitants puissent bénéficier des emplois créés. Cela peut inclure des programmes de formation et de développement des compétences, permettant aux travailleurs locaux d'acquérir les compétences nécessaires pour participer à la construction et à l'exploitation du gazoduc.

Les retombées économiques ne se limiteront pas à la simple création d'emplois. Les entreprises locales, telles que les fournisseurs de matériaux, les services de transport et les entreprises de maintenance, pourront également bénéficier d'un partenariat avec le projet. Cela contribuera à diversifier l'économie locale et à réduire la dépendance à l'égard des ressources naturelles.

3.1.2 Effets sur le Mode de Vie Traditionnel

La construction du gazoduc peut également entraîner des changements dans les modes de vie traditionnels des communautés vivant le long de son tracé. Les déplacements de populations et l'urbanisation croissante peuvent perturber les pratiques agricoles ou pastorales.

Les gouvernements doivent être attentifs aux préoccupations des habitants et consulter les communautés lors de la planification du projet. Des initiatives doivent être mises en place pour garantir que les modes de vie traditionnels soient respectés et préservés. Cela peut inclure des programmes de sensibilisation visant à informer les communautés des changements à venir et à leur permettre de s'adapter aux nouvelles réalités.

3.1.3 Risques de Déplacement

La construction du gazoduc pourrait également entraîner des déplacements de populations. Les gouvernements doivent s'engager à respecter les droits des personnes touchées et à mettre en place des mécanismes de compensation équitables. Les études d'impact social doivent être réalisées pour évaluer les conséquences des déplacements et garantir que les communautés soient soutenues pendant ces transitions.

Des programmes de réinstallation doivent être soigneusement planifiés pour minimiser les perturbations dans la vie des populations touchées. L'engagement des autorités à travailler en étroite collaboration avec les communautés pour garantir une transition fluide est essentiel pour éviter des tensions sociales.

3.2 Préservation des Cultures Sahariennes

Le Sahara est une région riche en cultures et en traditions, abritant des communautés qui ont prospéré dans ce milieu aride depuis des siècles. L'impact du Gazoduc Transsaharien sur ces cultures doit être soigneusement étudié pour éviter une érosion des traditions et des modes de vie locaux.

3.2.1 Interférence avec les Traditions Culturelles

La construction du gazoduc pourrait avoir des répercussions sur les pratiques culturelles et les modes de vie des communautés sahariennes. Les déplacements de populations et les changements dans l'accès aux ressources naturelles peuvent entraîner une perte de connaissance et de pratiques culturelles.

Il est crucial de respecter les coutumes locales et de consulter les communautés lors de la planification du projet. Des initiatives visant à sensibiliser les travailleurs et les entreprises sur l'importance de la culture locale peuvent contribuer à minimiser les impacts négatifs. En créant des programmes éducatifs qui valorisent le patrimoine culturel, on peut favoriser un respect mutuel et éviter des conflits.

3.2.2 Renforcement des Identités Culturelles

Le projet peut également offrir des opportunités de renforcement des identités culturelles. Les communautés locales peuvent participer à des initiatives qui mettent en valeur leur patrimoine culturel, comme des festivals ou des événements communautaires. En intégrant les éléments culturels dans le projet, on peut favoriser un sentiment d'appartenance et de fierté parmi les habitants.

Les entreprises impliquées dans le gazoduc peuvent soutenir ces initiatives culturelles en investissant dans des projets qui promeuvent la culture locale. Cela peut aider à créer un lien positif entre le projet et les communautés, renforçant ainsi l'acceptation sociale du gazoduc.

3.3 Bénéfices Socio-Économiques

Les bénéfices socio-économiques du Gazoduc Transsaharien peuvent se manifester à plusieurs niveaux. En plus de la création d'emplois et de l'amélioration des infrastructures, le projet peut stimuler des initiatives entrepreneuriales et favoriser le développement économique à long terme.

3.3.1 Soutien aux Entreprises Locales

La construction et l'exploitation du gazoduc peuvent encourager la création d'entreprises locales. Les fournisseurs de matériaux, les services de transport et les entreprises de maintenance peuvent bénéficier d'un partenariat avec le projet. Cela peut contribuer à diversifier l'économie locale et à réduire la dépendance à l'égard des ressources naturelles.

Pour maximiser ces bénéfices, il est crucial que les entreprises engagées dans le projet s'engagent à travailler avec des fournisseurs locaux. Cela peut inclure des clauses dans les contrats exigeant l'utilisation de services et de matériaux fournis par des entreprises locales.

3.3.2 Renforcement des Capacités et Développement des Compétences

Le gazoduc peut également servir de catalyseur pour renforcer les capacités et développer les compétences au sein des communautés. Des programmes de formation peuvent être mis en place pour apprendre aux habitants les compétences nécessaires dans le secteur énergétique, allant de la construction à la gestion des infrastructures.

Ces initiatives peuvent aider à créer une main-d'œuvre qualifiée qui non seulement contribue au projet, mais est également capable de trouver des emplois dans d'autres secteurs à l'avenir. La formation professionnelle peut également contribuer à réduire le chômage et à améliorer les conditions de vie des populations locales.

3.4 Le Rôle des Femmes dans le Projet

Les femmes jouent un rôle central dans les sociétés sahariennes, et leur inclusion dans le processus de développement du Gazoduc Transsaharien est essentielle pour garantir une approche équitable et inclusive.

3.4.1 Autonomisation des Femmes

Le projet peut offrir des opportunités d'autonomisation pour les femmes, notamment par le biais de programmes de formation et d'emploi. En leur donnant accès aux emplois créés par le gazoduc et en leur permettant de participer à des initiatives entrepreneuriales, le projet peut contribuer à améliorer la situation économique des femmes et à renforcer leur statut au sein de la communauté.

Les entreprises doivent veiller à ce que les femmes aient un accès égal aux opportunités d'emploi et de formation. Cela peut inclure la mise en place de politiques de recrutement inclusives et des programmes de sensibilisation visant à encourager les femmes à postuler pour des postes techniques et de gestion.

3.4.2 Participation à la Prise de Décision

Il est également essentiel d'impliquer les femmes dans le processus de prise de décision concernant le projet. Les voix féminines doivent être entendues lors des consultations communautaires, et les femmes doivent être représentées dans les comités de gestion du projet. Cette participation peut contribuer à garantir que les préoccupations des femmes sont prises en compte lors de la planification et de l'exécution du gazoduc.

Des initiatives visant à promouvoir le leadership féminin peuvent également être mises en place pour encourager les femmes à jouer un rôle actif dans les discussions sur le développement local. En soutenant le leadership féminin, le projet peut renforcer la résilience des communautés et favoriser un développement durable et inclusif.

3.5 Défis Sociaux Liés au Projet

Bien que le Gazoduc Transsaharien offre de nombreuses opportunités, il présente également des défis sociaux qui doivent être abordés pour garantir une mise en œuvre réussie.

3.5.1 Conflits d'Intérêts

Les tensions peuvent surgir entre les communautés locales et les entreprises impliquées dans le projet, en particulier si les bénéfices économiques ne sont pas répartis de manière équitable. Les gouvernements et les entreprises doivent être attentifs aux préoccupations des habitants et établir des mécanismes de communication ouverts pour résoudre les conflits.

Il est crucial que les parties prenantes s'engagent dans un dialogue constructif pour anticiper et gérer les différends potentiels. Des comités mixtes, composés de représentants des communautés et des entreprises, peuvent être créés pour faciliter la communication et la résolution des problèmes.

3.5.2 Risques de Déplacement

La construction du gazoduc peut également entraîner des déplacements de populations. Les gouvernements doivent s'engager à respecter les droits des personnes touchées et à mettre en place des mécanismes de compensation équitables. Des études d'impact social doivent être réalisées pour évaluer les conséquences des déplacements et garantir que les communautés sont soutenues pendant ces transitions.

Des programmes de réinstallation doivent être soigneusement planifiés pour minimiser les perturbations dans la vie des populations touchées. L'engagement des autorités à travailler en étroite collaboration avec les communautés pour garantir une transition fluide est essentiel pour éviter des tensions sociales.

3.6 Le Rôle des Partenariats

Les partenariats entre les gouvernements, les entreprises et les organisations de la société civile sont essentiels pour garantir que les retombées du projet profitent aux communautés locales. En collaborant, ces acteurs peuvent élaborer des stratégies qui répondent aux préoccupations sociales et culturelles tout en maximisant les bénéfices économiques.

3.6.1 Mobilisation des Communautés

Les communautés doivent être impliquées dès le début du projet pour garantir que leurs préoccupations sont prises en compte. Des consultations régulières et des forums communautaires peuvent être organisés pour recueillir les opinions des habitants et les inclure dans le processus décisionnel.

Les partenariats avec des organisations non gouvernementales (ONG) peuvent également être bénéfiques pour renforcer la capacité des communautés à exprimer leurs préoccupations et à faire entendre leur voix. Ces organisations peuvent jouer un rôle crucial dans la sensibilisation aux enjeux sociaux et environnementaux liés au projet.

3.6.2 Suivi et Évaluation

Un système de suivi et d'évaluation doit être mis en place pour mesurer l'impact social du projet. Cela peut inclure des indicateurs de performance liés à la création d'emplois, à l'accès aux services de base et à l'implication des communautés. Les résultats de ces évaluations doivent être publiés de manière transparente pour permettre aux parties prenantes de suivre les progrès et de prendre des décisions éclairées.

Conclusion

Le Gazoduc Transsaharien représente un projet d'une grande envergure, et ses implications sociales et culturelles doivent être soigneusement prises en compte. En maximisant les bénéfices et en minimisant les impacts négatifs, les gouvernements et les entreprises peuvent garantir que le projet profite à l'ensemble des populations.

L'engagement des communautés locales, la préservation des cultures sahariennes, l'autonomisation des femmes et la mise en place de mécanismes de communication ouverts sont des éléments essentiels pour assurer le succès du Gazoduc Transsaharien. En intégrant ces considérations dans la planification et la mise en œuvre du projet, les pays participants peuvent créer un modèle de développement durable et inclusif pour l'Afrique.

Chapitre 4 : Perspectives Économiques et Politiques

4.1 Diversification Économique et Création d'Emplois

Le Gazoduc Transsaharien (TSGP) offre de nombreuses perspectives économiques pour les pays participants, notamment en matière de diversification économique et de création d'emplois. Alors que le Nigeria, le Niger et l'Algérie se reposent traditionnellement sur les exportations de pétrole et de gaz, la réalisation de ce projet pourrait transformer leurs économies et ouvrir de nouvelles opportunités.

4.1.1 Diversification des Revenus

L'un des principaux avantages du TSGP réside dans sa capacité à diversifier les revenus des pays impliqués. Pour l'Algérie, qui dépend fortement des revenus tirés des hydrocarbures, le gazoduc représente une opportunité de réduire sa vulnérabilité face aux fluctuations des prix du pétrole et du gaz. En élargissant ses marchés d'exportation vers l'Europe, l'Algérie peut stabiliser ses revenus et investir dans d'autres secteurs.

Le Nigeria, avec ses vastes réserves de gaz naturel, a également l'opportunité de diversifier ses marchés d'exportation. Actuellement, le pays dépend principalement des exportations de pétrole. Le TSGP permettrait de développer le secteur gazier, créant ainsi un équilibre dans l'économie nigériane.

Pour le Niger, qui est encore en phase de développement de son secteur énergétique, l'achèvement du gazoduc pourrait stimuler des investissements dans les infrastructures et favoriser la création de nouvelles industries. Cela pourrait contribuer à diversifier l'économie du pays et à réduire sa dépendance à l'égard de l'agriculture traditionnelle.

4.1.2 Création d'Emplois

La construction et l'exploitation du Gazoduc Transsaharien généreront des milliers d'emplois pour les populations locales. Pendant la phase de construction, les entreprises de construction, d'ingénierie et de logistique auront besoin d'une main-d'œuvre importante, offrant ainsi des opportunités d'emploi à des milliers de personnes.

Anticiper et former la main-d'œuvre locale sera essentiel pour maximiser ces bénéfices. Les gouvernements, en collaboration avec les entreprises engagées dans le projet, devraient mettre en place des programmes de formation et de développement des compétences pour préparer la population locale aux différents postes qui seront créés.

De plus, la phase d'exploitation du gazoduc nécessitera également des travailleurs qualifiés pour gérer les opérations de maintenance et de surveillance. En formant des travailleurs locaux, les pays participants peuvent s'assurer que les bénéfices économiques du projet profitent directement aux communautés.

4.2 Sécurité Énergétique

Le Gazoduc Transsaharien joue un rôle clé dans la sécurité énergétique de la région et au-delà. En diversifiant les sources d'approvisionnement en gaz, le projet contribue à réduire la dépendance des pays européens à des sources d'énergie moins fiables.

4.2.1 Approvisionnement Énergétique pour l'Europe

Pour les pays européens, le TSGP représente une alternative stratégique aux approvisionnements en gaz traditionnellement dominés par la Russie. La crise énergétique mondiale, exacerbée par des conflits géopolitiques, a renforcé la nécessité pour l'Europe de diversifier ses sources d'approvisionnement. Le gaz naturel africain devient de plus en plus attractif pour les pays européens qui cherchent à garantir leur sécurité énergétique.

En établissant des partenariats avec l'Algérie, le Niger et le Nigeria, l'Europe peut diversifier ses approvisionnements, réduire sa vulnérabilité et renforcer sa résilience face aux fluctuations des marchés mondiaux. Le TSGP pourrait donc être perçu non seulement comme un projet de développement régional, mais aussi comme une composante essentielle de la stratégie énergétique européenne à long terme.

4.2.2 Renforcement de la Coopération Régionale

La mise en place du gazoduc peut également renforcer la coopération régionale en matière de sécurité énergétique entre les pays participants. En unissant leurs efforts pour développer une infrastructure commune, l'Algérie, le Niger et le Nigeria peuvent créer un cadre de collaboration qui s'étend au-delà du secteur énergétique.

La coopération dans le domaine de la sécurité énergétique peut également inclure des échanges d'informations et des partenariats en matière de recherche et développement. Les pays peuvent collaborer pour développer de nouvelles technologies énergétiques, améliorer l'efficacité des infrastructures et minimiser l'impact environnemental.

4.3 Coopération Régionale et Intégration Économique

Le Gazoduc Transsaharien est un projet qui va au-delà des simples considérations énergétiques ; il a le potentiel de favoriser l'intégration économique en Afrique et de renforcer les relations entre les pays de la région.

4.3.1 Intégration Économique

Le TSGP peut servir de catalyseur pour l'intégration économique entre l'Algérie, le Niger et le Nigeria. En reliant ces pays par une infrastructure énergétique commune, le projet facilite les échanges commerciaux et encourage le développement de réseaux économiques.

La création d'un marché régional de l'énergie pourrait également favoriser des synergies entre les secteurs énergétiques des trois pays. Par exemple, l'Algérie pourrait fournir du gaz au Nigeria pour alimenter ses industries, tandis que le Niger pourrait devenir un point de transit pour le gaz nigérian vers l'Europe.

4.3.2 Renforcement des Relations Diplomatiques

Le développement du gazoduc peut également renforcer les relations diplomatiques entre les pays participants. En travaillant ensemble sur un projet d'une telle envergure, ces pays peuvent créer des liens de confiance et établir des bases solides pour une coopération future.

Les sommets régionaux et les forums de discussion peuvent servir de plateforme pour renforcer la coopération dans d'autres domaines, tels que la sécurité, le commerce et le développement durable. En renforçant les relations diplomatiques, les pays participants peuvent mieux faire face aux défis communs et promouvoir une stabilité régionale.

4.4 Défis Politiques et Gouvernance

Malgré les nombreuses opportunités offertes par le Gazoduc Transsaharien, le projet fait face à des défis politiques importants qui doivent être surmontés pour garantir son succès.

4.4.1 Instabilité Politique

L'instabilité politique dans certaines régions, notamment au Niger et au Nigeria, est un défi majeur pour la mise en œuvre du gazoduc. Les conflits internes, les tensions ethniques et les activités de groupes armés peuvent compromettre la sécurité des infrastructures et des travailleurs.

Les gouvernements doivent travailler ensemble pour renforcer la stabilité politique dans leurs pays respectifs. Cela peut inclure des initiatives de dialogue intercommunautaire, des programmes de réconciliation et des efforts pour réduire les tensions ethniques qui pourraient entraver le développement du projet.

4.4.2 Gouvernance et Transparence

La gouvernance est un autre défi crucial qui doit être abordé pour garantir le succès du TSGP. Les pays participants doivent s'engager à établir des cadres de gouvernance clairs et transparents pour la gestion des ressources liées au gazoduc.

La lutte contre la corruption et la promotion de la transparence dans les processus de passation des marchés sont essentielles pour attirer des investissements étrangers et garantir que les fonds générés par le gazoduc soient utilisés à bon escient. Des mécanismes de surveillance indépendants peuvent également être mis en place pour garantir que les ressources sont gérées de manière responsable.

4.5 Engagement des Acteurs Locaux

Un engagement significatif des acteurs locaux est crucial pour garantir que les bénéfices du Gazoduc Transsaharien profitent aux communautés. Les gouvernements et les entreprises doivent travailler en étroite collaboration avec les populations locales pour s'assurer que leurs préoccupations et leurs besoins sont pris en compte.

4.5.1 Consultation des Communautés

Les consultations communautaires sont essentielles pour recueillir les opinions et les préoccupations des habitants vivant le long du tracé du gazoduc. Des forums de discussion et des réunions régulières peuvent être organisés pour permettre aux communautés de s'exprimer et de participer au processus décisionnel.

L'engagement des communautés peut également renforcer l'acceptation sociale du projet. En impliquant les populations locales dès le début, les gouvernements et les entreprises peuvent minimiser les tensions et favoriser un climat de coopération.

4.5.2 Programmes de Développement Local

Des programmes de développement local peuvent être mis en place pour garantir que les bénéfices économiques du projet profitent directement aux communautés. Cela peut inclure des initiatives visant à améliorer l'accès à l'éducation, aux soins de santé et aux infrastructures.

Les entreprises impliquées dans le gazoduc peuvent également investir dans des projets communautaires, tels que la construction d'écoles, de centres de santé et d'infrastructures routières. Ces investissements contribueront à améliorer la qualité de vie des populations locales et à renforcer leur soutien au projet.

Conclusion

Le Gazoduc Transsaharien représente une opportunité significative pour les pays participants en matière de diversification économique, de sécurité énergétique et de coopération régionale. Cependant, le succès du projet dépendra de la capacité des gouvernements et des entreprises à surmonter les défis politiques et à s'engager avec les communautés locales.

En établissant des mécanismes de gouvernance transparents, en renforçant la coopération régionale et en investissant dans le développement local, les pays impliqués peuvent garantir que les bénéfices du gazoduc profitent à l'ensemble des populations. Le TSGP peut ainsi devenir un symbole de coopération et de développement durable pour l'Afrique.

Chapitre 5 : Enjeux Géopolitiques

5.1 Introduction

Le Gazoduc Transsaharien (TSGP) ne se limite pas à une simple infrastructure énergétique, il incarne également des enjeux géopolitiques de grande envergure. En reliant le Nigeria, le Niger et l'Algérie, ce projet a des implications non seulement pour les pays concernés, mais aussi pour l'ensemble de la région sahélo-saharienne et même au-delà. Ce chapitre explore les différents aspects géopolitiques liés au Gazoduc Transsaharien, notamment les enjeux de sécurité, les relations internationales, les rivalités régionales et le rôle des acteurs externes.

5.2 Menaces Sécuritaires et Relations Internationales

5.2.1 Contexte Sécuritaire en Afrique de l'Ouest

La région sahélo-saharienne est confrontée à des menaces sécuritaires croissantes qui pourraient avoir un impact significatif sur le projet du Gazoduc Transsaharien. Des groupes armés, tels que BokoHaram, l'État islamique et d'autres factions, opèrent dans des pays comme le Nigeria et le Niger. La violence et l'instabilité qui en résultent peuvent compromettre la sécurité des infrastructures du gazoduc et mettre en danger la vie des travailleurs.

Les gouvernements des pays traversés par le gazoduc doivent renforcer leur coopération en matière de sécurité pour protéger cette infrastructure vitale. Cela peut inclure des patrouilles militaires conjointes, des échanges d'informations sur les menaces potentielles et la mise en place de protocoles d'urgence pour protéger le gazoduc contre d'éventuelles attaques.

5.2.2 Menaces Terroristes

Les menaces terroristes représentent l'un des principaux défis à surmonter lors de la mise en œuvre du Gazoduc Transsaharien. Les attaques contre des infrastructures énergétiques sont devenues courantes dans certaines régions d'Afrique de l'Ouest, notamment au Nigeria, où BokoHaram a ciblé des installations pétrolières et gazières. De tels actes peuvent avoir des conséquences désastreuses sur le projet, dissuadant les investisseurs et entravant la construction et l'exploitation du gazoduc.

Pour faire face à ces menaces, une approche intégrée est nécessaire. Les pays participants doivent collaborer avec des partenaires internationaux pour renforcer leurs capacités en matière de lutte contre le terrorisme. Cela peut inclure des formations pour les forces de sécurité, des échanges d'informations et la mise en place de mécanismes de coopération régionale.

5.2.3 Instabilité Politique

L'instabilité politique dans la région peut également affecter la mise en œuvre du projet. Des conflits internes, des tensions ethniques et des crises politiques peuvent compromettre la sécurité des infrastructures et rendre difficile la coopération entre les pays. Le Nigeria, en particulier, a été confronté à des défis politiques majeurs, notamment des tensions entre le gouvernement central et les autorités locales, ainsi que des mouvements séparatistes.

Les pays participants doivent travailler ensemble pour renforcer la stabilité politique dans leurs pays respectifs. Cela peut inclure des initiatives de dialogue intercommunautaire, des programmes de réconciliation et des efforts pour réduire les tensions ethniques qui pourraient entraver le développement du projet. La stabilité politique est essentielle pour garantir un environnement propice à l'investissement et à la coopération.

5.3 Rivalités Régionales et Projets Concurrents

5.3.1 Concurrence avec d'autres Projets Énergétiques

Le Gazoduc Transsaharien n'est pas le seul projet énergétique en cours dans la région. D'autres initiatives, telles que le pipeline Nigeria-Maroc, représentent une concurrence directe. Ces projets visent également à transporter le gaz nigérian vers l'Europe, et la rivalité entre ces initiatives peut compliquer la dynamique politique et économique.

Les pays impliqués dans le TSGP doivent donc être conscients de ces rivalités et travailler à établir des partenariats stratégiques avec d'autres nations afin de garantir que le projet soit perçu comme une opportunité de coopération régionale plutôt que comme une menace. Cela peut inclure des négociations avec le Maroc pour explorer des synergies potentielles entre les deux projets.

5.3.2 Gestion des Ressources Naturelles

Les ressources naturelles sont souvent au cœur des rivalités régionales. La gestion des réserves de gaz et de pétrole peut devenir une source de tensions entre les pays du Sahel et les autres nations de la région. Les gouvernements doivent collaborer pour établir des cadres de gestion des ressources qui garantissent une répartition équitable et durable des bénéfices.

La mise en place d'accords de partage des ressources et d'initiatives de développement interrégional peut favoriser une coopération harmonieuse et réduire les tensions. Les pays doivent également prendre des mesures pour protéger l'environnement, car les problèmes liés aux ressources naturelles peuvent exacerber les conflits.

5.4 Influence des Acteurs Externes

5.4.1 Rôle des Puissances Étrangères

Les puissances étrangères, telles que les États-Unis, la Chine et l'Union européenne, jouent un rôle crucial dans les dynamiques géopolitiques liées au Gazoduc Transsaharien. Les investissements étrangers et le soutien technique peuvent contribuer à la mise en œuvre du projet, mais ils peuvent également s'accompagner de conditions politiques et économiques.

Les gouvernements des pays impliqués doivent être vigilants face aux influences extérieures, en s'assurant que les accords signés respectent leurs intérêts nationaux et ne compromettent pas leur souveraineté. La transparence dans les négociations et les accords est essentielle pour éviter les tensions et les conflits d'intérêts.

5.4.2 Influence des Pays Étrangers

La Chine, par exemple, a investi massivement dans les infrastructures énergétiques en Afrique, cherchant à sécuriser l'accès à des ressources naturelles tout en augmentant son influence sur le continent. Les pays participants doivent être conscients des enjeux liés à la dépendance accrue à l'égard des investissements étrangers, qui pourraient compromettre leur autonomie.

Les États-Unis, quant à eux, ont montré un intérêt croissant pour la sécurité énergétique en Afrique. Les alliances stratégiques avec des pays producteurs de gaz, comme l'Algérie et le Nigeria, sont essentielles pour diversifier les sources d'approvisionnement. Les gouvernements doivent naviguer habilement dans ce paysage complexe, en équilibrant les relations bilatérales avec les puissances extérieures tout en préservant leurs intérêts nationaux.

5.5 Coopération Internationale pour le Développement

5.5.1 Rôle des Organisations Internationales

La coopération internationale peut jouer un rôle clé dans le développement du Gazoduc Transsaharien. Les organisations internationales, telles que la Banque mondiale et l'Union africaine, peuvent apporter un soutien financier et technique, tout en encourageant les bonnes pratiques en matière de gouvernance et de durabilité.

Les pays participants devraient rechercher des partenariats avec ces organisations pour bénéficier d'un accompagnement stratégique dans l'élaboration de politiques énergétiques et de développement durable. Ces collaborations peuvent renforcer la légitimité du projet et favoriser un climat de confiance parmi les parties prenantes.

5.5.2 Développement Durable et Responsabilité Sociale

La mise en œuvre du projet doit également s'accompagner d'une approche axée sur le développement durable. Les pays participants doivent s'engager à respecter les normes environnementales et sociales, en garantissant que le projet bénéficie aux communautés locales. Des mécanismes de responsabilité sociale des entreprises (RSE) doivent être mis en place pour s'assurer que les entreprises engagées dans le projet contribuent positivement au développement des communautés.

Les programmes de développement communautaire, tels que l'éducation, la santé et les infrastructures, peuvent contribuer à garantir que les bénéfices du gazoduc profitent à l'ensemble des populations. La coopération internationale peut également faciliter la mise en place de ces initiatives et renforcer les capacités locales.

Conclusion

Le Gazoduc Transsaharien représente une opportunité significative pour renforcer la coopération régionale et améliorer la sécurité énergétique des pays participants. Cependant, les enjeux géopolitiques associés à ce projet sont complexes et nécessitent une attention particulière.

Les gouvernements doivent collaborer pour garantir la sécurité des infrastructures, gérer les rivalités régionales et établir des relations internationales solides. En intégrant ces considérations dans la planification et la mise en œuvre du gazoduc, les pays concernés peuvent créer un modèle de développement durable qui profite à l'ensemble de la région.

En somme, le succès du TSGP dépendra de la capacité des pays impliqués à travailler ensemble pour surmonter les défis géopolitiques et à garantir que les bénéfices du gazoduc profitent à toutes les populations. La coopération, la transparence et l'engagement communautaire sont des éléments essentiels pour assurer un avenir prospère pour l'Afrique.

Chapitre 6 : Aspects Environnementaux et Durabilité

6.1 Introduction

Le projet du Gazoduc Transsaharien (TSGP) est une initiative de grande envergure qui soulève des questions environnementales critiques. Alors que ce projet promet de renforcer la sécurité énergétique et de stimuler le développement économique dans les pays participants, il est impératif de considérer son impact sur les écosystèmes locaux et les ressources naturelles. Ce chapitre vise à explorer les différentes dimensions des enjeux environnementaux liés à la construction et à l'exploitation du gazoduc, ainsi que les stratégies de durabilité mises en place pour minimiser ces impacts.

6.2 Impact sur la Biodiversité

6.2.1 Évaluation des Écosystèmes Locaux

Le tracé du gazoduc traverse des zones écologiques variées, y compris des déserts, des savanes et des régions montagneuses. Chacune de ces zones abrite des espèces végétales et animales uniques qui pourraient être affectées par les activités de construction et d'exploitation du gazoduc.

Avant de commencer la construction, des études d'impact environnemental doivent être réalisées pour évaluer l'état des écosystèmes locaux. Ces études permettent d'identifier les espèces menacées et les habitats sensibles qui pourraient être perturbés. On peut ainsi prendre des mesures pour atténuer les impacts négatifs sur la biodiversité.

6.2.2 Risques d'Extinction des Espèces

Une des préoccupations majeures est le risque d'extinction des espèces. Certaines espèces endémiques, qui ne se trouvent que dans les habitats spécifiques traversés par le gazoduc, pourraient être particulièrement vulnérables. Cela inclut des espèces de plantes, d'oiseaux et de mammifères qui dépendent de ces écosystèmes pour leur survie.

Des mesures de conservation doivent être mises en place pour protéger ces espèces. Cela peut inclure la création de zones de protection, des programmes de réhabilitation des habitats et des initiatives de sensibilisation locale sur l'importance de la biodiversité.

6.2.3 Impact des Déplacements de Sol

Les travaux de construction du gazoduc impliquent des déplacements de sol importants, ce qui peut entraîner une dégradation des habitats naturels. Le compactage du sol, l'érosion et la perte de la couche arable peuvent avoir des conséquences durables sur la flore et la faune locales. Les pratiques de construction doivent être conçues pour minimiser ces impacts.

L'utilisation de techniques de construction écologiques, telles que le respect des zones sensibles et le choix de méthodes de construction moins invasives, peut contribuer à réduire l'impact sur la biodiversité. De plus, des programmes de replantation et de restauration des habitats doivent être mis en œuvre pour compenser les pertes.

6.3 Gestion des Ressources Naturelles

6.3.1 Approvisionnement en Eau

La gestion des ressources en eau est une préoccupation majeure pour le projet du TSGP. Les régions traversées par le gazoduc sont souvent arides, et les ressources en eau sont limitées. La construction et l'exploitation du gazoduc peuvent affecter l'accès à l'eau pour les communautés locales et les écosystèmes environnants.

Des études doivent être menées pour évaluer l'impact du projet sur les nappes phréatiques et les rivières locales. Il est essentiel de garantir que l'approvisionnement en eau pour les communautés ne soit pas compromis. Des mesures de protection doivent être mises en place pour éviter la contamination des sources d'eau par les activités industrielles.

6.3 Gestion des Ressources Naturelles

6.3.2 Pratiques de Gestion des Terres

La gestion des terres est un autre aspect crucial à prendre en compte lors du développement du Gazoduc Transsaharien. Les terrains traversés par le gazoduc sont souvent utilisés pour l'agriculture, l'élevage et d'autres activités économiques. Il est donc essentiel de s'assurer que les travaux de construction et d'exploitation ne perturbent pas ces activités vitales.

Des plans de gestion des terres doivent être élaborés pour minimiser l'impact des activités liées au gazoduc sur les terres agricoles et les pâturages. Cela peut inclure des mesures telles que :

- Zonage approprié : Établir des zones spécifiques pour la construction et l'exploitation du gazoduc, tout en préservant les terres agricoles et les zones de pâturage.
- Compensation pour les agriculteurs : Offrir des compensations équitables aux agriculteurs dont les terres sont affectées par le gazoduc, afin de garantir leur soutien au projet.
- Techniques agricoles durables : Encourager l'utilisation de pratiques agricoles durables par les communautés locales pour préserver la fertilité des sols et la productivité.

6.3.3 Impact sur la Faune

Les activités de construction et d'exploitation du gazoduc peuvent également affecter la faune locale. Les déplacements humains, le bruit et les perturbations causées par les machines peuvent perturber les habitats naturels des animaux, les éloignant de leurs zones de reproduction et de nourrissage.

Pour atténuer ces impacts, des mesures doivent être prises, telles que :

- Surveillance de la faune : Mettre en place des programmes de surveillance pour suivre les populations animales et évaluer les impacts des travaux sur la faune.

- Création de corridors écologiques : Concevoir des corridors écologiques pour permettre aux animaux de migrer et d'accéder à leurs habitats sans être perturbés par les activités humaines.

- Sensibilisation à la conservation : Mener des campagnes de sensibilisation pour informer les travailleurs du gazoduc sur l'importance de la faune locale et les encourager à adopter des comportements respectueux de l'environnement.

6.4 Stratégies de Durabilité

6.4.1 Évaluation et Suivi Environnemental

L'évaluation continue de l'impact environnemental est essentielle pour garantir que le projet du Gazoduc Transsaharien reste sur la bonne voie en matière de durabilité. Des programmes de suivi doivent être mis en place pour évaluer régulièrement les impacts du projet sur l'environnement, la biodiversité et les ressources naturelles.

Ces programmes devraient inclure :

- Rapports d'impact environnemental : Publier des rapports réguliers sur l'impact environnemental du projet, en détaillant les actions prises pour atténuer ces impacts.

- Audits environnementaux : Effectuer des audits environnementaux indépendants pour évaluer la conformité aux normes écologiques et recommander des améliorations.

- Consultations communautaires : Engager les communautés locales dans le processus de suivi pour recueillir leurs préoccupations et suggestions relatives à l'impact du projet.

6.4.2 Utilisation des Énergies Renouvelables

Intégrer des sources d'énergie renouvelables dans le projet du TSGP peut contribuer à réduire son empreinte carbone et à promouvoir une approche durable. L'utilisation de technologies solaires et éoliennes pour alimenter les infrastructures associées au gazoduc peut réduire la dépendance aux énergies fossiles.

Les avantages de l'intégration des énergies renouvelables incluent :

- Réduction des émissions de gaz à effet de serre : L'utilisation d'énergies renouvelables peut contribuer à atténuer les impacts du changement climatique.

- Autonomisation des communautés : En fournissant des installations d'énergie renouvelable aux communautés locales, on peut améliorer l'accès à l'électricité et soutenir le développement économique.

- Innovation technologique : Le développement de technologies renouvelables peut également stimuler l'innovation et la recherche dans la région.

6.4.3 Plans de Gestion des Déchets

La gestion des déchets est une autre dimension importante à considérer dans le cadre du projet du TSGP. La construction et l'exploitation du gazoduc généreront des déchets solides et liquides qui doivent être gérés de manière appropriée pour éviter toute contamination des sols et des eaux.

Des plans de gestion des déchets doivent être élaborés pour :

- Réduction des déchets : Mettre en œuvre des stratégies visant à réduire la quantité de déchets générés pendant la construction et l'exploitation.

- Recyclage et valorisation : Promouvoir le recyclage des matériaux et la valorisation des déchets pour minimiser leur impact environnemental.

- Élimination sécurisée des déchets : Mettre en place des procédures pour l'élimination sécurisée des déchets dangereux, en garantissant que les normes environnementales sont respectées.

6.5 Sensibilisation et Éducation Environnementale

6.5.1 Importance de la Sensibilisation

La sensibilisation et l'éducation environnementale sont essentielles pour garantir que les communautés locales et les travailleurs du gazoduc comprennent les enjeux liés à l'environnement et à la durabilité. Une population informée peut participer activement à la protection de l'environnement et soutenir des initiatives durables.

6.5.2 Programmes d'Éducation

Il est crucial de développer des programmes d'éducation environnementale qui ciblent les communautés vivant le long du tracé du gazoduc. Ces programmes pourraient inclure des formations sur :

- Pratiques agricoles durables : Sensibiliser les agriculteurs aux techniques de culture respectueuses de l'environnement et à la gestion des ressources naturelles.
- Conservation de la biodiversité : Informer les communautés locales sur l'importance de la biodiversité et les mesures à prendre pour la préserver.
- Changement climatique : Éduquer les populations sur les effets du changement climatique et les inciter à adopter des comportements durables.

6.5.3 Partenariats avec les ONG

Les partenariats avec des organisations non gouvernementales (ONG) et des institutions académiques peuvent renforcer les efforts de sensibilisation. Ces organisations disposent souvent d'expertise et de ressources pour développer des programmes efficaces et adaptés aux besoins des communautés.

Des initiatives telles que des ateliers, des campagnes de sensibilisation et des projets communautaires peuvent être mises en place pour mobiliser les habitants autour des enjeux environnementaux. L'implication des jeunes dans ces activités peut également contribuer à sensibiliser les générations futures.

Conclusion

Le projet du Gazoduc Transsaharien présente des défis environnementaux significatifs, mais également des opportunités pour promouvoir des pratiques durables et responsables. En intégrant des stratégies de durabilité dans toutes les phases du projet, les pays participants peuvent minimiser les impacts sur l'environnement tout en maximisant les bénéfices économiques.

La préservation de la biodiversité, la gestion des ressources naturelles, et l'engagement des communautés locales sont des éléments clés pour assurer le succès du gazoduc sur le long terme. En favorisant une approche collaborative et en mettant l'accent sur la sensibilisation et l'éducation environnementale, le TSGP peut devenir un modèle de développement durable pour l'Afrique.

À l'avenir, la réussite du Gazoduc Transsaharien dépendra de la capacité des pays impliqués à équilibrer leurs ambitions économiques avec la nécessité de protéger l'environnement et de garantir une qualité de vie pour les générations à venir. En adoptant des pratiques durables et en engageant les communautés locales, le projet peut contribuer à construire un avenir énergétique durable pour l'Afrique.

Chapitre 7 : Technologies Émergentes et Innovation

7.1 Introduction

Le Gazoduc Transsaharien (TSGP) est un projet ambitieux qui nécessite l'application de technologies de pointe pour garantir son succès et sa durabilité. Dans un monde en constante évolution, les technologies émergentes jouent un rôle essentiel dans l'optimisation des infrastructures énergétiques, la réduction des impacts environnementaux et l'amélioration de l'efficacité des opérations. Ce chapitre explore les innovations technologiques pertinentes pour le TSGP, leur impact potentiel sur le secteur énergétique, et les perspectives d'avenir pour l'intégration de ces technologies dans le projet.

7.2 Nouvelles Technologies dans le Secteur Énergétique

7.2.1 Technologies de Transport de Gaz

Le transport de gaz naturel est un élément clé du projet du TSGP. Plusieurs technologies émergentes peuvent améliorer l'efficacité et la sécurité du transport de gaz, notamment :

- Pipelines intelligents : Ces pipelines intègrent des capteurs avancés qui surveillent en temps réel la pression, la température et la composition du gaz. Grâce à ces données, les opérateurs peuvent détecter rapidement des fuites ou des anomalies, réduisant ainsi les risques d'accidents.

- Matériaux avancés : L'utilisation de matériaux composites et d'aciers spéciaux peut renforcer la résistance des pipelines à la corrosion et aux contraintes mécaniques. Ces innovations permettent de prolonger la durée de vie des infrastructures et de réduire les coûts de maintenance.

- Systèmes de compression et de régulation : Des technologies avancées de compression permettent de maintenir la pression du gaz pendant le transport, garantissant ainsi un acheminement efficace sur de longues distances. Des systèmes de régulation intelligents peuvent ajuster la pression et le débit en temps réel, optimisant ainsi l'efficacité énergétique du transport.

7.2.2 Stockage de Gaz

Le stockage du gaz est un aspect essentiel de la gestion des approvisionnements et de la sécurité énergétique. Les nouvelles technologies de stockage permettent de répondre à la demande fluctuante tout en garantissant une disponibilité continue. Parmi ces technologies, on trouve :

- Stockage souterrain : Le recours à des cavités souterraines, telles que des aquifères ou des formations géologiques, permet de stocker d'importantes quantités de gaz de manière sécurisée. Les technologies modernes d'extraction et de stockage optimisent l'efficacité de ces installations.

- Stockage de gaz liquéfié (GNL) : La liquéfaction du gaz naturel permet de le transporter à des distances plus longues tout en réduisant son volume. Les installations de GNL peuvent également servir de points de stockage stratégiques, augmentant ainsi la flexibilité des approvisionnements.

- Systèmes de conversion d'énergie : Des technologies telles que les systèmes de conversion d'énergie gaz-électricité permettent d'utiliser le gaz comme source d'énergie pour générer de l'électricité. Cela offre une solution pour équilibrer l'offre et la demande dans les réseaux électriques.

7.3 Intégration des Énergies Renouvelables

7.3.1 Synergies entre Gaz et Énergies Renouvelables

L'intégration des énergies renouvelables dans le projet du TSGP peut renforcer sa durabilité et contribuer à la transition énergétique. Les synergies entre le gaz naturel et les énergies renouvelables peuvent offrir plusieurs avantages :

- Flexibilité des approvisionnements : L'utilisation de gaz naturel comme source d'énergie de secours lorsque les énergies renouvelables sont intermittentes (comme l'éolien et le solaire) garantit la continuité des approvisionnements énergétiques.

- Hydrogène : Le développement de l'hydrogène comme vecteur énergétique est en pleine expansion. Le gaz naturel peut être utilisé comme matière première pour produire de l'hydrogène de manière décartonnée grâce à des technologies telles que la reformage du méthane à la vapeur. L'hydrogène peut ensuite être acheminé par le même réseau de pipelines que le gaz naturel.

- Systèmes hybrides : L'intégration de systèmes hybrides combinant gaz naturel et énergies renouvelables peut optimiser l'efficacité énergétique des installations. Par exemple, des centrales électriques utilisant à la fois du gaz et de l'énergie solaire peuvent maximiser la production d'électricité tout en réduisant les émissions.

7.3.2 Technologies de Stockage d'Énergie

Le développement de technologies de stockage d'énergie est essentiel pour la transition vers un système énergétique plus durable. Les innovations dans ce domaine permettent de surmonter les défis liés à l'intermittence des énergies renouvelables. Parmi les technologies émergentes, on trouve :

- Batteries avancées : Les avancées dans les batteries lithium-ion et d'autres technologies de stockage, telles que les batteries à flux, offrent des solutions pour stocker l'énergie produite par les énergies renouvelables et la libérer lorsque la demande est élevée.

- Systèmes de stockage par gravité : Ces systèmes utilisent la force de gravité pour stocker de l'énergie, en soulevant des poids pendant les périodes de surplus énergétique et en les laissant redescendre pour générer de l'électricité lorsque la demande augmente.

- Stockage thermique : La technologie de stockage thermique permet de conserver la chaleur générée par des sources d'énergie renouvelable, qui peut ensuite être utilisée pour produire de l'électricité ou pour le chauffage. Ce type de stockage peut compléter le gaz naturel en fournissant une chaleur constante.

7.4 R&D et Innovation

7.4.1 Importance de la Recherche et Développement

La recherche et le développement (R&D) sont essentiels pour favoriser l'innovation dans le secteur énergétique. Les investissements dans la R&D peuvent entraîner des avancées technologiques significatives qui profitent au projet du TSGP. Cela inclut :

- Développement de nouvelles technologies : La recherche de solutions novatrices pour le transport, le stockage et l'exploitation du gaz peut améliorer l'efficacité et réduire les coûts.

- Amélioration des pratiques opérationnelles : La R&D peut également contribuer à optimiser les pratiques opérationnelles, en identifiant les méthodes les plus efficaces pour la construction, l'exploitation et la maintenance des infrastructures.

- Partenariats avec les universités et les instituts de recherche : Collaborer avec des institutions académiques et de recherche peut permettre d'accéder à des expertises et à des ressources qui renforcent les capacités techniques des pays participants.

7.4.2 Innovations Technologiques Locales

Il est également important de soutenir l'innovation locale dans le cadre du projet du TSGP. Les pays participants doivent encourager le développement de technologies adaptées aux réalités locales, en tenant compte des spécificités culturelles, environnementales et économiques. Cela pourrait inclure :

- Incubateurs d'entreprises : Mettre en place des programmes d'incubation pour soutenir les startups et les entreprises innovantes dans le secteur énergétique.

- Formation et sensibilisation : Offrir des formations aux entrepreneurs locaux sur les nouvelles technologies et les meilleures pratiques dans le secteur énergétique.

- Financement des innovations locales : Établir des mécanismes de financement pour encourager les projets innovants qui répondent aux besoins énergétiques des communautés locales.

7.5 Développement de Compétences Technologiques

7.5.1 Importance de la Formation

Le développement de compétences technologiques est essentiel pour garantir le succès du projet du Gazoduc Transsaharien. Les travailleurs locaux doivent être formés pour utiliser les nouvelles technologies, optimiser les opérations et garantir la sécurité sur les chantiers. La formation doit couvrir plusieurs aspects :

- Techniques de construction : Former les ouvriers aux méthodes de construction modernes et aux normes de sécurité.
- Maintenance des infrastructures : Sensibiliser les travailleurs à l'importance de la maintenance préventive et corrective des installations énergétiques.
- Gestion des systèmes de contrôle : Former les opérateurs à l'utilisation de systèmes de contrôle avancés pour surveiller les pipelines et les installations de stockage.

7.5.2 Partenariats avec des Institutions Éducatives

Les partenariats avec des institutions éducatives peuvent renforcer le développement des compétences dans le secteur énergétique. Les universités et les centres de formation peuvent jouer un rôle clé en :

- Proposant des programmes de formation adaptés : Élaborer des programmes de formation alignés sur les besoins du secteur énergétique et les technologies émergentes.
- Facilitant des stages et des apprentissages : Offrir des opportunités de stages aux étudiants dans des entreprises actives dans le secteur énergétique, leur permettant d'acquérir une expérience pratique.
- Encourageant la recherche appliquée : Collaborer avec des chercheurs pour développer des solutions innovantes répondant aux défis spécifiques du projet.

7.6 Perspectives d'Avenir

7.6.1 Adoption de Technologies Durables

L'avenir du Gazoduc Transsaharien dépendra de l'adoption de technologies durables et respectueuses de l'environnement. Les pays participants devront s'engager à intégrer des solutions innovantes dans la conception, la construction et l'exploitation du gazoduc. Cela pourrait inclure :

- Utilisation de technologies à faible émission de carbone : Prioriser les solutions réduisant l'empreinte carbone du projet.
- Promotion de l'économie circulaire : Encourager la réutilisation et le recyclage des matériaux dans le cadre des opérations liées au gazoduc.
- Collaboration avec des experts en durabilité : Travailler avec des spécialistes pour garantir que les meilleures pratiques en matière de durabilité sont intégrées tout au long du projet.

7.6.2 Réponse aux Défis Climatiques

Les technologies émergentes doivent également être adaptées pour répondre aux défis croissants posés par le changement climatique. Les pays participants doivent anticiper les impacts climatiques potentiels sur le projet et développer des stratégies d'adaptation. Cela pourrait inclure :

- Évaluation des risques climatiques : Analyser les risques liés aux événements climatiques extrêmes (inondations, sécheresses) et leur impact potentiel sur les infrastructures du gazoduc.
- Renforcement de la résilience des infrastructures : Concevoir les infrastructures de manière à les rendre résistantes aux impacts du changement climatique, en tenant compte des futurs scénarios climatiques.
- Planification de la transition énergétique : Anticiper la transition vers des sources d'énergie renouvelable et intégrer ces considérations dans la planification du gazoduc.

Conclusion

Le projet du Gazoduc Transsaharien représente une opportunité unique d'intégrer des technologies émergentes et des innovations dans le secteur énergétique. En adoptant une approche proactive en matière de R&D, de développement de compétences et d'intégration des énergies renouvelables, les pays participants peuvent maximiser les bénéfices du projet tout en minimisant les impacts environnementaux.

L'avenir du TSGP dépendra de la capacité des pays à anticiper les défis et à innover pour créer un système énergétique durable et résilient. En collaborant avec des partenaires internationaux et en engageant les communautés locales, le projet peut devenir un modèle de développement durable pour l'Afrique, tout en renforçant la sécurité énergétique régionale.

À travers l'innovation et l'adoption de technologies durables, le Gazoduc Transsaharien a le potentiel de transformer le paysage énergétique de la région et de contribuer à un avenir énergétique plus propre et durable.

Chapitre 8 : Perspectives de Marché et Économie Globale

8.1 Introduction

Le Gazoduc Transsaharien (TSGP) est un projet stratégique qui s'inscrit dans un contexte international de transformation du secteur énergétique. À mesure que le monde évolue vers une économie plus verte, les dynamiques du marché du gaz naturel et les stratégies de commercialisation doivent également s'adapter. Ce chapitre examine les perspectives de marché du gaz naturel, les tendances économiques mondiales, les stratégies de commercialisation du Gazoduc Transsaharien, ainsi que le rôle croissant de l'Afrique dans le paysage énergétique mondial.

8.2 Analyse des Marchés du Gaz

8.2.1 Évolution de la Demande de Gaz

La demande mondiale de gaz naturel a considérablement augmenté au cours des dernières décennies, principalement en raison de sa réputation en tant que source d'énergie plus propre par rapport au charbon et au pétrole. Cette tendance s'est intensifiée avec les efforts mondiaux visant à réduire les émissions de gaz à effet de serre et à atténuer les effets du changement climatique. Les principales régions consommateurs de gaz naturel incluent :

- Europe : La transition énergétique de l'Europe vers des sources d'énergie plus durables a conduit à une augmentation de la demande de gaz naturel, qui est considéré comme une solution de transition vers une économie décarbonée. Le gaz naturel est également perçu comme une alternative stratégique aux approvisionnements en hydrocarbures provenant de zones instables.

- Asie : La demande de gaz naturel en Asie, en particulier en Chine et en Inde, augmente rapidement en raison de l'urbanisation croissante, de l'industrialisation et de la nécessité de réduire la dépendance au charbon. Ces pays cherchent activement à diversifier leurs approvisionnements énergétiques, ce qui offre des opportunités considérables pour les exportateurs de gaz.

- Amérique du Nord : Bien que l'Amérique du Nord soit devenue un producteur majeur de gaz naturel grâce aux techniques de fracturation hydraulique, la demande interne continue d'augmenter, notamment pour le chauffage, la production d'électricité et les applications industrielles.

8.2.2 Impact des Politiques Énergétiques

Les politiques énergétiques nationales et internationales jouent un rôle essentiel dans l'évolution du marché du gaz naturel. Les engagements des pays à réduire leurs émissions et à atteindre des objectifs climatiques ambitieux influencent la demande de gaz. Par exemple :

- Accords internationaux : Les engagements pris lors de l'Accord de Paris et d'autres initiatives internationales ont conduit les pays à réévaluer leurs stratégies énergétiques. Le gaz naturel, en tant que source d'énergie de transition, devient de plus en plus pertinent dans ce contexte.

- Réglementations nationales : Les politiques de subventions, d'imposition et de réglementation des énergies fossiles influencent également la compétitivité du gaz naturel sur le marché. Les pays qui mettent en place des incitations à l'utilisation de gaz naturel peuvent voir une augmentation de la demande.

8.2.3 Prix du Gaz Naturel

Les prix du gaz naturel sont soumis à des fluctuations en raison de divers facteurs, notamment la demande saisonnière, les niveaux de production, les infrastructures de transport, et les incertitudes géopolitiques. Les marchés du gaz naturel peuvent être divisés en :

- Marchés à court terme : Ces marchés sont caractérisés par des contrats de vente à court terme et les prix peuvent varier de manière significative en fonction de la demande et de l'offre. Les fluctuations saisonnières, en particulier en hiver, influencent la demande et les prix.

- Marchés à long terme : Les contrats à long terme, souvent basés sur le pétrole, offrent une stabilité dans les prix, mais peuvent également être influencés par des facteurs externes tels que des changements dans la politique énergétique ou des crises économiques.

8.3 Stratégies de Commercialisation du Gazoduc Transsaharien

8.3.1 Positionnement Stratégique

Le Gazoduc Transsaharien doit être positionné stratégiquement pour maximiser son impact sur le marché international. Cela implique de comprendre les besoins des marchés cibles et de développer des propositions de valeur attrayantes. Les pays participants doivent :

- Identifier les marchés cibles : L'Algérie, le Niger et le Nigeria doivent analyser les besoins énergétiques des pays consommateurs potentiels en Europe et en Asie afin de cibler leurs efforts de commercialisation.
- Construire des relations solides : Établir des partenariats avec des entreprises énergétiques internationales, des États et des organisations régionales pour renforcer la crédibilité et la visibilité du projet.
- Mettre en avant la durabilité : Souligner l'importance du gaz naturel comme une solution de transition énergétique et mettre en avant les mesures prises pour garantir la durabilité environnementale du projet.

8.3.2 Développement d'un Réseau de Partenariats

La création d'un réseau de partenariats est essentielle pour le succès commercial du gazoduc. Cela peut inclure :

- Accords avec des entreprises énergétiques : Établir des partenariats avec des entreprises énergétiques internationales qui ont une expertise dans le secteur du gaz naturel. Ces entreprises peuvent apporter des compétences techniques et des financements nécessaires.
- Coopération régionale : Collaborer avec des pays voisins pour renforcer la sécurité énergétique régionale et faciliter l'intégration des infrastructures énergétiques.
- Engagement des acteurs locaux : Impliquer les communautés et les acteurs locaux dans le développement du projet pour garantir l'acceptation sociale et maximiser les bénéfices économiques pour les populations locales.

8.3.3 Stratégies de Pricing

Développer des stratégies de pricing adaptées est crucial pour la compétitivité du gaz transporté par le TSGP. Cela peut inclure :

- Tarification flexible : Offrir des contrats flexibles basés sur la demande et les conditions du marché peut attirer des clients et augmenter les ventes.

- Indexation des prix : Utiliser des mécanismes d'indexation des prix pour garantir que le gaz naturel reste compétitif par rapport aux autres sources d'énergie sur le marché.

- Offres incitatives : Proposer des incitations aux clients pour la signature de contrats à long terme, notamment des réductions de prix ou des conditions de paiement flexibles.

8.4 Effets de la Transition Énergétique

8.4.1 Vers une Économie Bas Carbone

La transition énergétique vers une économie bas carbone a des implications profondes pour le marché du gaz naturel. À mesure que les pays s'engagent à réduire leurs émissions de CO2, le gaz naturel est souvent considéré comme une solution de transition avant l'adoption complète des énergies renouvelables.

- Rôle du gaz dans la transition : Le gaz naturel est perçu comme un combustible de transition, permettant de réduire la dépendance au charbon tout en fournissant une source d'énergie fiable.

- Développement des infrastructures renouvelables : Le gazoduc peut également être utilisé comme vecteur pour transporter un hydrogène décarboné à l'avenir, ce qui pourrait transformer le paysage énergétique.

8.4.2 Politiques de Développement Durable

Les politiques de développement durable influencent la demande de gaz naturel et son acceptation sur le marché mondial. Les gouvernements mettent en place des réglementations favorisant les énergies renouvelables, ce qui peut avoir un impact sur les investissements dans le secteur du gaz.

- Encouragement des pratiques durables : Les pays producteurs de gaz doivent s'engager dans des pratiques de production durable pour garantir que le gaz reste une option compétitive dans le cadre des politiques de décarbonation.

- Investissements dans la recherche et l'innovation : Les investissements dans la R&D pour développer des technologies de gaz à faible émission de carbone peuvent renforcer la position du gaz naturel en tant que solution de transition.

8.5 Positionnement de l'Afrique sur le Marché Mondial

8.5.1 Ressources Naturelles Abondantes

L'Afrique possède d'importantes réserves de gaz naturel, ce qui en fait un acteur clé sur le marché mondial de l'énergie. Les pays comme le Nigeria et l'Algérie sont déjà des producteurs majeurs, et le TSGP représente une opportunité de renforcer leur position :

- Exploitation des ressources : Le développement du gazoduc permettra d'exploiter les vastes réserves de gaz du Nigeria, tout en facilitant l'accès aux marchés européens.
- Partenariats régionaux : L'Afrique peut également développer des partenariats avec d'autres régions pour diversifier ses marchés d'exportation et renforcer sa sécurité énergétique.

8.5.2 Développement Économique

Le projet du Gazoduc Transsaharien peut contribuer significativement au développement économique des pays participants :

- Création d'emplois : La construction et l'exploitation du gazoduc devraient générer des milliers d'emplois, contribuant ainsi à réduire le chômage et à améliorer le niveau de vie des populations locales.
- Investissements dans les infrastructures : Le développement du gazoduc peut également stimuler des investissements dans d'autres infrastructures, tels que les routes, les ports et les installations logistiques, renforçant ainsi l'économie régionale.

8.5.3 Défis et Opportunités

Bien que l'Afrique dispose d'importantes ressources en gaz, elle fait face à des défis pour se positionner sur le marché mondial :

- Instabilité politique : Les conflits internes et l'instabilité politique dans certaines régions peuvent décourager les investissements étrangers et entraver le développement des infrastructures.

- Infrastructure limitée : Le manque d'infrastructures de transport et de distribution peut limiter l'accès aux marchés internationaux. Le TSGP vise à résoudre ces problèmes en renforçant les réseaux de transport.

- Concurrence mondiale : L'Afrique doit faire face à la concurrence d'autres régions, en particulier du Moyen-Orient et de l'Amérique du Nord, qui sont également de grands producteurs de gaz naturel.

Conclusion

Le Gazoduc Transsaharien présente des perspectives de marché prometteuses, offrant aux pays participants l'occasion de renforcer leur position sur le marché mondial de l'énergie. Avec une demande croissante de gaz naturel sur les marchés européens et asiatiques, le TSGP peut jouer un rôle clé en fournissant une source d'approvisionnement fiable.

Cependant, la réussite de ce projet dépendra de la capacité des pays participants à naviguer dans un paysage énergétique en évolution, marqué par des politiques de développement durable et des changements dans la demande. En adoptant des stratégies de commercialisation adaptées, en renforçant les partenariats et en s'engageant dans des pratiques durables, l'Afrique peut se positionner comme un acteur majeur sur le marché mondial du gaz naturel.

À l'avenir, le TSGP pourrait devenir un modèle de collaboration régionale, contribuant à la sécurité énergétique de l'Afrique tout en soutenant la transition vers une économie plus verte. La transformation du paysage énergétique africain, en intégrant des technologies innovantes et des pratiques durables, est essentielle pour garantir un avenir énergétique prospère pour la région.

Chapitre 9 : Scénarios d'Avenir et Planification Stratégique

9.1 Introduction

Le projet du Gazoduc Transsaharien (TSGP) est au cœur des ambitions énergétiques des pays participants — l'Algérie, le Niger et le Nigeria. Alors que l'approvisionnement mondial en énergie évolue, il est essentiel de développer des scénarios d'avenir et une planification stratégique pour garantir le succès du projet. Ce chapitre explorera les différents scénarios possibles pour le TSGP, en tenant compte des tendances du marché, des défis géopolitiques, et des opportunités d'innovation. De plus, il examinera l'importance de la planification stratégique pour s'assurer que les pays participants peuvent naviguer efficacement dans les incertitudes et maximiser les avantages du projet.

9.2 Scénarios de Développement Futur

9.2.1 Scénario Optimiste : Un Gazoduc comme Modèle de Collaboration

Dans ce scénario, le Gazoduc Transsaharien devient un modèle de collaboration régionale, favorisant la stabilité économique et politique en Afrique. Les pays participants réussissent à :

- Renforcer leur coopération : Les gouvernements de l'Algérie, du Niger et du Nigeria établissent des mécanismes de coopération solides, favorisant la confiance et la collaboration sur d'autres projets économiques.

- Attirer des investissements étrangers : Grâce à la stabilité et à la sécurité, des investisseurs étrangers affluent pour soutenir le développement d'infrastructures énergétiques, d'industries connexes, et de projets de développement durable.

- Développer des partenariats régionaux : L'initiative du TSGP inspire d'autres pays africains à collaborer sur des projets énergétiques similaires, renforçant l'intégration économique au sein de la région.

- Réduction des émissions de carbone : Les pays participants mettent en œuvre des technologies de capture et de stockage de carbone, rendant le gaz naturel encore plus attrayant sur le plan environnemental.

9.2.2 Scénario Modéré : Croissance Économique avec des Défis Persistants

Dans ce scénario, le projet du TSGP connaît un succès modéré, avec des progrès économiques, mais des défis persistants demeurent. Les pays participants réussissent à :

- Développer le gazoduc et augmenter les exportations : Le TSGP commence à transporter du gaz vers les marchés européens, générant des revenus importants.

- Accroître la coopération régionale : Les gouvernements collaborent sur des questions de sécurité et de développement économique, mais des tensions subsistent, notamment liées à des rivalités historiques et à des défis politiques internes.

- Faire face à des défis environnementaux : Les préoccupations environnementales persistent, et les pays doivent faire face à des critiques concernant la durabilité du projet.

- S'adapter aux changements du marché : Les pays participants doivent continuellement réévaluer leurs stratégies commerciales en réponse aux fluctuations des prix du gaz naturel et aux changements dans les politiques énergétiques mondiales.

9.2.3 Scénario Pessimiste : Conflits et Instabilité

Dans ce scénario pessimiste, le Gazoduc Transsaharien fait face à des défis majeurs qui entravent son développement et son efficacité. Les pays participants rencontrent :

- Instabilité politique : Des conflits internes et des tensions entre les pays participants entravent la mise en œuvre du projet, rendant la coopération difficile.

- Retrait des investissements : La perception d'un risque élevé conduit les investisseurs étrangers à se retirer, limitant le financement nécessaire au développement et à l'exploitation du gazoduc.

- Crise environnementale : Les problèmes environnementaux liés à la construction du gazoduc suscitent des préoccupations croissantes, entraînant des protestations et des critiques des ONG et des communautés locales.

- Dépendance accrue aux combustibles fossiles : Les pays participants peinent à diversifier leurs économies, restant bloqués dans une dépendance excessive aux combustibles fossiles et aux hydrocarbures, ce qui complique leur transition vers des sources d'énergie renouvelables.

9.3 Planification Stratégique

9.3.1 Importance de la Planification Stratégique

La planification stratégique est essentielle pour garantir le succès à long terme du projet du Gazoduc Transsaharien. Elle permet aux pays participants de naviguer dans un environnement en constante évolution, tout en maximisant les avantages du projet. Les éléments clés de la planification stratégique comprennent :

- Évaluation des risques : Identifier et évaluer les risques associés au projet, y compris les risques géopolitiques, environnementaux et économiques, afin de prendre des décisions éclairées.

- Fixation d'objectifs clairs : Définir des objectifs clairs et mesurables pour le développement et l'exploitation du gazoduc, en tenant compte des attentes des parties prenantes.

- Engagement des parties prenantes : Impliquer les gouvernements, les entreprises, les communautés locales et les organisations non gouvernementales (ONG) dans le processus de planification pour garantir que les préoccupations et les intérêts de chacun sont pris en compte.

9.3.2 Élaboration d'une Feuille de Route

Une feuille de route pour le développement du Gazoduc Transsaharien doit être élaborée pour guider les actions des pays participants. Les éléments de cette feuille de route pourraient inclure :

- Phases de développement : Identifier les différentes phases du projet, de la construction à l'exploitation, en définissant les étapes clés pour chaque phase.

- Chronologie et échéances : Établir une chronologie claire pour chaque phase du projet, avec des échéances réalistes pour garantir le respect des délais.

- Allocation des ressources : Évaluer les ressources nécessaires pour chaque phase, y compris les financements, les compétences techniques, et les infrastructures.

9.3.3 Suivi et Évaluation

Mettre en place des mécanismes de suivi et d'évaluation est crucial pour garantir que le projet reste sur la bonne voie. Cela peut inclure :

- Indicateurs de performance : Développer des indicateurs de performance pour mesurer le succès du projet en fonction des objectifs fixés.

- Rapports réguliers : Publier des rapports réguliers sur l'avancement du projet, identifiant les succès et les défis rencontrés tout au long du développement.

- Révisions de la stratégie : Être prêt à adapter la planification stratégique en fonction des résultats du suivi et de l'évaluation, pour s'assurer que le projet répond aux attentes et aux exigences changeantes.

9.4 Engagement Communautaire et Acceptabilité Sociale

9.4.1 Importance de l'Engagement Communautaire

L'engagement communautaire est un élément clé du succès du Gazoduc Transsaharien. Les communautés locales doivent être impliquées dans le processus de développement pour garantir l'acceptation sociale et maximiser les bénéfices locaux. Les stratégies d'engagement communautaire peuvent inclure :

- Consultations ouvertes : Organiser des consultations ouvertes avec les communautés locales pour recueillir leurs préoccupations, leurs attentes et leurs suggestions concernant le projet.

- Programmes d'éducation et de sensibilisation : Mettre en place des programmes d'éducation pour informer les communautés sur les avantages du gazoduc et sur les mesures prises pour minimiser les impacts environnementaux.

- Initiatives de développement local : Investir dans des initiatives de développement local qui profitent directement aux communautés affectées par le projet, telles que l'amélioration des infrastructures, de l'éducation et de la santé.

9.4.2 Approche Participative

Adopter une approche participative dans le développement du projet peut renforcer l'acceptation sociale. Cela peut inclure :

- Formations et capacités : Offrir des formations aux membres des communautés locales sur les emplois créés par le projet et sur les technologies utilisées.

- Partenariats avec des ONG : Collaborer avec des ONG locales pour renforcer l'engagement communautaire et s'assurer que les préoccupations des habitants sont prises en compte.

9.5 Innovation et Adaptation aux Changements

9.5.1 Importance de l'Innovation

L'innovation est cruciale pour s'adapter aux défis émergents et aux évolutions du marché. Les pays participants au projet doivent encourager l'innovation dans plusieurs domaines :

- Technologies énergétiques : Investir dans des technologies émergentes qui améliorent l'efficacité énergétique, la durabilité et la sécurité des opérations.

- Gestion des ressources : Développer des pratiques innovantes de gestion des ressources naturelles pour minimiser l'impact environnemental du projet.

9.5.2 Flexibilité dans la Planification

La planification stratégique doit également intégrer la flexibilité pour s'adapter aux changements. Cela peut inclure :

- Scénarios multiples : Élaborer des scénarios multiples pour anticiper les développements futurs et adapter les stratégies en conséquence.

- Réponses rapides aux crises : Mettre en place des mécanismes de réponse rapide pour faire face aux crises potentielles, telles que les fluctuations des prix du gaz ou les tensions géopolitiques.

Conclusion

Le succès à long terme du Gazoduc Transsaharien dépend de la capacité des pays participants à anticiper les évolutions du marché de l'énergie, à élaborer des scénarios d'avenir pertinents et à mettre en place une planification stratégique solide. En intégrant l'engagement communautaire, l'innovation et la flexibilité dans leur approche, les pays peuvent maximiser les avantages économiques du projet tout en minimisant les risques.

Le TSGP représente une opportunité unique de renforcer la coopération régionale et d'améliorer la sécurité énergétique en Afrique. En travaillant ensemble pour surmonter les défis et saisir les opportunités, l'Algérie, le Niger et le Nigeria peuvent créer un modèle de développement durable qui profitera non seulement à leurs économies, mais aussi à l'ensemble de la région.

À travers une planification stratégique rigoureuse et une vision partagée, le Gazoduc Transsaharien peut devenir un pilier de la transition énergétique en Afrique, contribuant à un avenir énergétique plus durable et résilient.

Chapitre 10 : Témoignages et Récits Locaux

10.1 Introduction

Le projet du Gazoduc Transsaharien (TSGP) est bien plus qu'une simple infrastructure énergétique ; il représente une transformation pour les communautés locales vivant le long de son tracé. Les témoignages et récits de ces populations offrent une perspective précieuse sur les attentes, les préoccupations et les expériences des habitants face à ce projet ambitieux. Ce chapitre met en lumière les voix des communautés locales, examine des études de cas spécifiques et explore comment le TSGP peut influencer leur vie quotidienne, leur culture et leur avenir.

10.2 Les Voix des Communautés

10.2.1 Témoignages des Résidents du Tracé

Les résidents vivant à proximité du tracé du gazoduc ont des expériences variées concernant le projet. Leurs témoignages reflètent à la fois des espoirs et des craintes concernant les impacts économiques, environnementaux et sociaux du gazoduc.

- Mariam, agricultrice au Niger : Mariam, une agricultrice de 45 ans, exprime des craintes concernant l'impact potentiel du gazoduc sur ses terres agricoles. « Je crains que la construction du gazoduc n'affecte l'eau de mes champs », déclare-t-elle. Elle souligne l'importance de l'eau pour la culture de son millet et la survie de sa famille. « Si mon travail est compromis, comment vais-je nourrir mes enfants ? »

- Ali, pêcheur en Algérie : Ali, un pêcheur de 60 ans vivant près de la côte méditerranéenne, partage ses préoccupations sur la pollution des eaux. « Nous avons déjà vu des changements dans nos eaux à cause des activités industrielles. Je crains que le gazoduc n'aggrave la situation », explique-t-il. Pour Ali, la mer est non seulement une source de revenus, mais aussi une partie intégrante de sa culture et de son identité.

- Fatou, jeune entrepreneuse au Nigeria : Fatou, une jeune entrepreneuse de 30 ans, voit le gazoduc comme une opportunité. Elle a récemment lancé une petite entreprise de transformation alimentaire. « Si le gazoduc crée des emplois dans la région, cela pourrait stimuler l'économie locale et offrir de nouvelles opportunités pour les jeunes comme moi », affirme-t-elle. Elle espère que le projet inclura des initiatives de développement local pour soutenir les entreprises de la communauté.

10.2.2 Réactions des Leaders Communautaires

Les leaders communautaires jouent un rôle crucial dans la médiation des préoccupations de leurs concitoyens et dans la promotion des bénéfices potentiels du projet. Leur avis est souvent sollicité dans les discussions sur l'acceptabilité sociale du gazoduc.

- Le chef de village d'une localité au Niger : « Nous voulons que notre voix soit entendue. Nous demandons des compensations justes pour l'utilisation de nos terres et des projets de développement communautaire pour atténuer les impacts du gazoduc », déclare-t-il. Il insiste sur la nécessité de consultations continues entre les autorités et les communautés.

- Une représentante des femmes au Nigeria : « Les femmes doivent être au centre de ce projet. Nous avons des idées pour utiliser les ressources du gazoduc pour créer des programmes qui soutiennent les femmes entrepreneurs », explique-t-elle. Elle souligne l'importance de l'autonomisation des femmes dans le développement économique local.

10.3 Études de Cas

10.3.1 Impact Économique sur les Communautés

L'une des principales promesses du Gazoduc Transsaharien est la création d'emplois et le développement économique des régions traversées. Des études de cas sur les impacts économiques du projet révèlent des résultats variés.

- Cas de la région de Tillabéri au Niger : Dans cette région, la construction du gazoduc a entraîné la création de nombreux emplois temporaires pour les habitants. Cependant, des préoccupations subsistent quant à la durabilité de ces emplois à long terme. « Beaucoup d'hommes de la région ont été embauchés pour travailler sur le chantier, mais nous nous demandons ce qui se passera après la construction », déclare un habitant. La formation et la reconversion professionnelle sont des aspects cruciaux pour garantir que les compétences acquises peuvent être utilisées dans d'autres secteurs après la fin des travaux.

- Cas d'Alger, en Algérie : Dans cette ville, le gazoduc a généré des investissements dans des infrastructures telles que les routes et les installations de transport. Les commerces locaux en bénéficient, mais les petites entreprises signalent également une augmentation de la concurrence. « Les grands contrats vont surtout aux entreprises établies, et nous avons besoin de soutien pour rivaliser », explique un propriétaire de magasin local. Des initiatives gouvernementales visant à soutenir les petites entreprises sont essentielles pour équilibrer les opportunités économiques.

10.3.2 Initiatives de Développement Local

Des initiatives de développement local sont mises en œuvre pour garantir que les bénéfices du gazoduc profitent aux communautés affectées.

- Programme d'impact social en Algérie : Dans le cadre du projet, une entreprise pétrolière a mis en place un programme axé sur l'éducation et la formation professionnelle. Des bourses sont offertes aux jeunes pour poursuivre leurs études dans des domaines liés à l'énergie. « Cela nous aide à préparer la prochaine génération à des carrières dans le secteur énergétique », déclare un responsable du programme. Ces initiatives visent à renforcer les capacités des communautés locales tout en les intégrant dans l'économie de l'énergie.

- Projets d'infrastructure au Niger : Le gouvernement nigérien a lancé des projets d'infrastructure rurale en parallèle avec le gazoduc, visant à améliorer l'accès à l'eau et à l'électricité dans les zones touchées. Les communautés voient cela comme un moyen de compenser les perturbations causées par le projet. « Si nous avons accès à l'eau et à l'électricité, cela améliorera notre vie quotidienne », affirme une habitante. Ces projets doivent être planifiés en concert avec la communauté pour garantir leur pertinence et leur durabilité.

10.4 Perspectives de Développement Durable

10.4.1 Intégration des Objectifs de Développement Durable

L'Agenda 2030 pour le développement durable de l'ONU souligne l'importance de l'égalité, de la durabilité et de l'inclusion. Le projet du TSGP offre des opportunités d'intégration des Objectifs de Développement Durable (ODD) dans sa planification et son exécution.

- ODD 1 : Pas de pauvreté : Le TSGP peut contribuer à la réduction de la pauvreté en créant des emplois et en stimulant l'économie locale. Les gouvernements peuvent veiller à ce que les bénéfices du projet soient redistribués équitablement parmi les communautés.

- ODD 5 : Égalité des sexes : L'inclusion des femmes dans le développement du gazoduc est essentielle. Des initiatives visant à promouvoir l'entrepreneuriat féminin et à garantir l'accès aux ressources économiques peuvent avoir un impact positif durable.

10.4.2 Sensibilisation Environnementale

Les préoccupations environnementales doivent être prises en compte dans le développement du gazoduc. La sensibilisation à la protection de l'environnement peut également renforcer l'acceptabilité sociale du projet.

- Éducation environnementale dans les écoles : Des programmes d'éducation environnementale peuvent être intégrés dans les écoles locales pour sensibiliser les jeunes aux enjeux environnementaux. « Il est important que les jeunes comprennent les impacts de l'environnement », déclare un enseignant. Cela peut également créer une génération de futurs leaders soucieux de la durabilité.

- Ateliers communautaires : Organiser des ateliers pour informer les communautés sur les meilleures pratiques de gestion des ressources naturelles peut contribuer à préserver l'environnement tout en soutenant les activités économiques.

10.5 Les Défis à Surmonter

10.5.1 Résistance et Protestations

Bien que le projet du TSGP ait le potentiel d'apporter des bénéfices considérables, il fait face à des résistances et des préoccupations au sein des communautés locales. Les protestations peuvent survenir lorsque les communautés estiment que leurs intérêts ne sont pas pris en compte.

- Mobilisation communautaire : Certaines communautés ont organisé des manifestations pour exprimer leurs préoccupations. « Nous voulons être écoutés, et nos opinions doivent compter », souligne un leader communautaire. Il est crucial que les autorités prennent en compte ces inquiétudes et engagent un dialogue constructif.

10.5.2 Gestion des Compensations

Les compensations pour l'utilisation des terres et des ressources sont un sujet sensible. Les communautés doivent être assurées que des compensations équitables et justes seront mises en place.

- Évaluation transparente : Un processus transparent pour évaluer les pertes et déterminer les compensations est essentiel pour maintenir la confiance entre les communautés et les autorités. Les parties prenantes doivent être impliquées dans ce processus.
- Suivi des compensations : Un suivi régulier des compensations versées doit être effectué pour garantir qu'elles répondent aux besoins des communautés et qu'elles sont utilisées de manière appropriée.

Conclusion

Les témoignages et récits locaux mettent en évidence la complexité et la richesse des expériences des communautés vivant le long du tracé du Gazoduc Transsaharien. Bien que le projet offre des opportunités significatives pour le développement économique et social, il soulève également des préoccupations légitimes.

Il est essentiel que les gouvernements, les entreprises et les parties prenantes s'engagent activement à écouter ces voix et à répondre à leurs préoccupations. En intégrant les perspectives des communautés locales dans la planification et l'exécution du projet, le TSGP peut non seulement atteindre ses objectifs économiques, mais aussi contribuer à la durabilité sociale et environnementale.

À travers des initiatives de développement local, une éducation environnementale et un engagement communautaire fort, le Gazoduc Transsaharien peut devenir un modèle de développement durable, bénéfique pour les pays participants et pour les communautés qui en sont le fondement. L'avenir du projet dépendra de la capacité à construire des relations de confiance et à travailler en collaboration pour garantir que les bénéfices du gazoduc profitent à tous.

Conclusion

Le projet du Gazoduc Transsaharien (TSGP) représente bien plus qu'une simple infrastructure énergétique reliant l'Algérie, le Niger et le Nigeria. C'est une initiative remarquable qui incarne les aspirations d'une Afrique en quête d'autonomie énergétique, de développement économique durable et de coopération régionale. À travers les chapitres de ce livre, nous avons exploré les multiples dimensions de ce projet ambitieux, en analysant ses implications historiques, techniques, sociales et environnementales.

Le Gazoduc Transsaharien offre une opportunité unique de transformer le paysage énergétique de l'Afrique, en reliant les ressources gazières abondantes de la région aux marchés européens en pleine expansion. L'importance stratégique de cette initiative en fait un moteur potentiel de croissance économique, de création d'emplois et de renforcement de la sécurité énergétique. Cependant, ce potentiel ne peut être réalisé sans prendre en compte les préoccupations des communautés locales, les enjeux environnementaux et les dynamiques géopolitiques.

À mesure que le monde évolue vers une économie plus verte, le TSGP doit s'inscrire dans une vision de durabilité et d'innovation. Les défis liés à l'impact environnemental, à l'engagement communautaire et à la gestion des ressources doivent être abordés avec diligence et sensibilité. Une approche inclusive, qui intègre les voix des populations locales et qui favorise leur participation active, est essentielle pour assurer l'acceptation sociale et garantir que les bénéfices du projet profitent à tous.

En fin de compte, le succès du Gazoduc Transsaharien dépendra de la capacité des pays participants à travailler ensemble, à s'adapter aux évolutions du marché mondial et à naviguer dans les défis d'un environnement complexe et dynamique. En adoptant des pratiques durables et en investissant dans des solutions innovantes, l'Afrique peut non seulement renforcer sa position sur la scène énergétique mondiale, mais aussi construire un avenir meilleur et plus prospère pour ses populations.

Le TSGP est une occasion historique de poser les bases d'une coopération régionale solide, d'une intégration économique accrue et d'un développement durable. C'est un projet qui peut transformer les vies, améliorer les conditions de vie des communautés locales et contribuer à un avenir énergétique résilient pour l'Afrique. En s'engageant à respecter ces principes, les acteurs impliqués dans le projet du Gazoduc Transsaharien peuvent non seulement réaliser leur potentiel économique, mais aussi devenir des modèles de leadership responsable sur la scène mondiale.

Ainsi, alors que nous concluons ce livre, nous devons garder à l'esprit que le véritable succès du Gazoduc Transsaharien réside non seulement dans les pipelines et les infrastructures, mais surtout dans les espoirs et les aspirations des hommes et des femmes qui vivent tout au long de son tracé. En les écoutant et en intégrant leurs visions, nous pouvons bâtir un avenir énergétique qui soit véritablement au service de tous.

www.ingramcontent.com/pod-product-compliance
Lightning Source LLC
LaVergne TN
LVHW060305051026
849517LV00003B/977
* 9 7 9 8 2 3 1 5 8 6 5 4 7 *